Blicke in das Leben der Zigeuner

Von einem Zigeuner

Engelbert Wittich

Alpha Editions

This edition published in 2022

ISBN : 9789356894280

Design and Setting By
Alpha Editions
www.alphaedis.com
Email - info@alphaedis.com

Blicke in das Leben der Zigeuner
Von einem Zigeuner

By Engelbert Wittich

Selbstbildnis des Verfassers als junger Mann
(nach dem Spiegel gezeichnet.)

Vorwort.

Nur selten ist es bisher gelungen, einen richtigen Einblick in das Leben und Treiben, Denken und Empfinden des Zigeunervolkes zu gewinnen. Die mangelnde Kenntnis der *Romani*-(Zigeuner-)Sprache, die aus manchen Ursachen erklärliche Abneigung des *Sinto* (Zigeuner), die *Gadsche* (Nichtzigeuner) in sein inneres Leben blicken zu lassen, und die schwere Erreichbarkeit der Zigeuner überhaupt, hüllen das Zigeunertum bis heute in ein fast völliges Dunkel. Es ist daher ein erfreuliches Ereignis, daß ein Zigeuner selbst sich entschlossen hat, das Dunkel zu lichten und ein wahrheitsgetreues Bild seines Volkes zu geben. Seine braunen Volksgenossen sind darüber mißvergnügt; aber mit Unrecht. Der Verfasser täuscht sich gewiß nicht, wenn er hofft, daß durch seine Darstellung die Zigeuner in einem ganz anderen Lichte erscheinen, als wie man sie bisher anzusehen gewohnt war. Man kann geradezu sagen, daß uns die schlechten oder wenigstens unangenehmen Eigenschaften der Zigeuner nur deshalb am meisten auffallen, weil sie die Außenseite bilden. Beim näheren Kennenlernen bieten die *Sinte* aber soviel Anziehendes, Liebenswürdiges, geheimnisvoll Interessantes, daß der Forscher oder der Zigeunerfreund (*Romano Rai*) sogar Gefahr läuft, die schwarzen Seiten des Zigeunerlebens ganz zu übersehen.

Jedenfalls ist zu hoffen, daß das vorliegende Büchlein dazu beitragen wird, manche falsche Vorstellung zu beseitigen, und die Abneigung gegen die Zigeuner in Interesse, Sympathie und liebevolle Hilfe umzuwandeln.

R. Urban.

D ie Zigeuner sind aus vielen Schilderungen bekannt. Über ihr Leben, ihre Sitten und Gebräuche wurde schon viel geschrieben, Wahres und Unwahres, oft geradezu Haarsträubendes. Merkwürdigerweise, so reich die Literatur über die Zigeuner ist, behandelt diese doch zumeist nur die Ausländer, hauptsächlich die ungarischen und österreichischen Zigeuner. Dagegen ist die Kenntnis über die deutschen Zigeuner noch sehr gering. Dem Forscher steht daher hier noch ein großes Feld der Betätigung offen.

Ich will darum im Folgenden versuchen, etwas über die deutschen Zigeuner mitzuteilen, um das Wahre vom Unwahren zu trennen. Ich werde nur Tatsachen berichten und kann mit bestem Gewissen für die Wahrheit meiner Darstellungen eintreten.

Bemerken möchte ich noch, daß dies selbst ein Zigeuner schreibt, der von Geburt an bis vor kurzer Zeit im Wohnwagen reiste und daher auf das Genaueste über Leben, Sitten und Gebräuche der Zigeuner unterrichtet ist. Ich schreibe aus eigener Anschauung, – nicht vom Hörensagen, unparteiisch, und werde die Zigeuner weder schwärzer noch weißer malen, als sie sind. Ich berichte nur selbst Erlebtes und was ich selbst beobachtet habe und bin daher genötigt, manches Märchen über die Zigeuner zu zerstören. Vieles hätte ich gern etwas ausführlicher behandelt, aber der Raum erlaubt es mir leider nicht. So sind es nur kleinere Bilder aus dem Leben eines Zigeuners und einige Richtigstellungen, was ich in Nachstehendem biete.

Vor noch nicht gar so langer Zeit stellte man sich unter Zigeunern nomadisierende, träge und schmutzige Menschen vor, welche die ganze Welt durchziehen und weder Gesetze, noch Vaterland, Familienbande, Religion besitzen und alle nur erdenklichen, schimpflichen, und lichtscheuen Gewerbe betreiben. Ruhelos wie Ahasverus, von Ort zu Ort wandernd, wurden sie überall verachtet, verfolgt und von jedermann oft in recht unmenschlicher Weise behandelt und für gänzlich vogelfrei angesehen. Als Räuber, Mörder, Diebe, ja sogar als Kinderräuber und sonst noch alles mögliche waren sie verschrien. Ihre Töchter ließen sie von dem entehren, der ihnen am meisten bot. Ihre Dolche und Gifte, ihre Mittel, welche den Tod brachten, verkauften sie gern an jeden Rachedürstenden. Kurz und gut, alles Wunderbare, Unmögliche und Abscheuliche wurde den Zigeunern in die Schuhe geschoben.

Heute ist es in dieser Beziehung etwas besser geworden, und wenn die Zigeuner, hauptsächlich von dem gebildeten Publikum, mit etwas freundlicheren Augen angesehen werden, so ist das hauptsächlich der aufklärenden Literatur zuzuschreiben. Aber trotzdem werden sie noch immer sehr schlecht behandelt, sie werden immer wieder von neuem verfolgt, bedrängt und gehetzt. Fast von jedermann unverstanden, bringt man ihnen wenig Sympathie entgegen.

Ob nun die Zigeuner diese Behandlung verdienen und solche Bösewichte sind, denen man alles Scheußliche zutrauen darf, und ob sie wirklich moralisch so tief unter den anderen Völkerschaften stehen, wie man immer annimmt, mögen die folgenden Blätter zeigen. Man beachte, daß fast nur von den deutschen Zigeunern die Rede ist.

Heutzutage hat der Zigeuner, gegen früher, im Erwerb einen schweren Stand. In Deutschland wird ihm das, wodurch er noch sein bestes Fortkommen hatte und was seinen Befähigungen am besten entsprach, der Wander-Gewerbeschein, in den meisten Fällen versagt. Eine geordnete Arbeit bei dem herrschenden Vorurteil gegen ihn und der Arbeitslosigkeit unserer Tage, wo hunderte geübte, gelernte Menschen arbeitslos sind, für den Zigeuner zu bekommen, ist fast unmöglich, obwohl ja auch die Liebe zum Müßiggang, zur Bummelei, ein wenig mitspielt. Aber die deutschen Zigeuner sind keineswegs ein so müßiges, faules Volk, wie gewöhnlich kurzerhand angenommen wird; man darf sie in dieser Beziehung nicht mit den Zigeunern anderer Länder vergleichen. Man beachte einmal das Leben und Treiben am Halteplatz des Wohnwagens und man wird sofort sehen, daß der deutsche Zigeuner nicht der Faulpelz ist, als den man ihn sich gemeinhin vorstellt.

Dann ist vor allem die Musik seine sozusagen angeborene Lieblingsbeschäftigung und -Geschäft. Ohne Geige kann man sich überhaupt keinen Zigeuner vorstellen. Daß sie in der Musik Vorzügliches leisten und daß sie hervorragende künstlerische geistige Anlagen haben, ist ja bekannt. Da ist z. B. der Zigeuner »Votter«, ein anerkannter Virtuose, (Zigeunername Köhler), welcher Geige, Harfe und Klavier ohne jede Notenkenntnis meisterhaft spielt und einen Landesruf genießt. Er mußte seine Kunst vor hohen und höchsten Herrschaften zeigen. Dann der Zigeuner J. Reinhardt, Zigeunername »Mala«, – »Meineli« Zigeunername seiner Mutter Preziosa, Vater Jakob Reinhardt, – der blind geboren und ein so vorzüglicher Geigenspieler ist, daß er unter den Zigeunern selbst die größte Bewunderung erregt und als einer der besten lebenden Spieler angesehen wird. Man muß z. B. ihn als »Kunstgeiger« oder den »Kanarienvogel« oder ein Fantasiestück spielen gehört und gesehen haben! Die besten Musikkenner bewunderten schon die Technik, das warme, feurige Gefühl, die hinreißende Gewalt der Töne, die der blinde Künstler, begeistert vom eigenen Spiel, seinem Instrument entlockt. So könnte ich noch viele anführen, welche einfach großartiges in der Musik leisten. Natürlich bringen es nicht alle zu einer solchen Meisterschaft. Blas- und Blechinstrumente lieben die Zigeuner nicht, doch gibt es hierin auch einige Ausnahmen und einige Stämme (Familien), machen neben Streichmusik auch noch gute Blechmusik. Gleichguten Ruf besitzen unter anderen die Familien dreier meiner Schwäger, als Streich- und Blechmusiker. Auch sind dieselben nebenbei gesagt, eine der besten »fahrenden« Sängergesellschaften! Ebenso die Familien »Karl-Antoner«, Eckstein, Winter, Pfisterer usw. Und wie sehen die Instrumente oft aus? Kaum verdienen sie noch den Namen Instrumente. Der geübteste Musiker könnte nichts mehr mit ihnen anfangen. Anders der Zigeuner! Mit zwei, drei Saiten auf der Guitarre oder Violine spielt er ebenso gewandt, wie jener mit dem teuersten, feinsten Instrument. Statt eines Bogens genügt ihm auch eintretenden Falles ein Ästchen von irgend einem Baum, eine Weidenrute usw., statt der Haare Nähfaden. In diesem Fall muß der schulgerechteste Musiker zurückstehen, an solchen primitiven Gegenständen scheitert seine Kunst. Man muß es gesehen haben, wenn man den kleinen Kindern eine Geige in die Hand gibt, wie der Zigeuner nur durch Vorsingen oder Vorspielen die schwierigsten Musikstücke lernt, die Melodie wird einfach vorgesungen oder gepfiffen, er probiert es einmal, zweimal, beim drittenmal spielt er das Stück schon mit ganzer Sicherheit.

Solche Gelehrigkeit und Fertigkeit ist geradezu erstaunlich. Man sieht und fühlt deutlich, daß der Zigeuner ein geborener Musiker ist. Durch ihre Musik verdienen sie ein schönes Stück Geld. Gewöhnlich Werktagsabends und dann Sonntags, in Vereinen usw., bei Festlichkeiten, machen sie auf dem Lande Musik und Konzert. Dann auch in den Badeorten, Luftkurorten vor den anwesenden Herrschaften. In jedem Schloß, bei Grafen und Baronen sprechen sie vor, zeigen ihre glänzenden Zeugnisse, worauf sie dann fast immer die Erlaubnis zum musizieren erhalten. Gewöhnlich müssen sie dann Tafelmusik machen, und gut bewirtet und bezahlt werden sie entlassen. Vorher vergißt es aber der Anführer nicht, sich ein neues »Attest« in sein »Zeugnisbuch« eintragen zu lassen, um es gegebenenfalles benützen und vorzeigen zu können. Die Geige ist dem Zigeuner sein alles. Sein Instrument ist ihm so ans Herz gewachsen, daß er lieber hungert und dürstet, geduldig die größten Entbehrungen erträgt, ehe er sich von seiner Geige trennt. Sie ist seine Ernährerin, seine Trösterin. Alt oder jung, die Geige gibt ihm Leben, muß ihm Speise, Trank und – Liebe bringen. In seinen Liedern klagt er ihr sein Leid, die mit ihm treu Freude und Schmerz, Glück und Unglück teilt. Und so singt der kleine, arme Zigeunerknabe, einsam und verlassen gar oft:

»Me hom i tikno, tschorelo Sindenger Tschawo.
Mer Dai muies da mer Dad hi stildo.
Gamlo, baro Dewel! me hom kiake tschorelo
Ta mer Dades ano Stilapen, les hi bokhelo.
Man hi tschi har mer Baschamaskeri.
Me lau la da dschau ani Kertschemi,
Dschin da has i bresla Lowe man.
Naschaua pascha mer Dad ano Stilapen,
Djomles gaua Lowe, job has froh:»
Gana hilo buter kenk bokhelo!«

»Ich bin ein kleines, armes Zigeunerkind.
Meine Mutter ist gestorben und mein Vater ist im Arrest.
Lieber, großer Gott! ich bin so arm
Und mein Vater im Arrest, er hat Hunger.
Ich habe nichts als mein Instrument.
Ich nehme es und gehe in die Wirtschaft,
Bis ein wenig Geld mein war.
Gehe zu meinem Vater in Arrest,
Gib ihm das Geld, er war froh:»
Jetzt hat er keinen Hunger mehr.« –

Einen weiteren Erwerb findet der Zigeuner im Geigenhandel, auf den er sich meisterhaft versteht. Ein anderer Haupterwerbszweig ist die Holzschnitzerei.

Fast ein jeder kann schnitzen, der eine mehr, der andere weniger gut. Ein jeder Zigeuner kommt eigentlich mit irgend einer künstlerischen Anlage auf die Welt. Der eine hat ein oft auffallendes Talent und Neigung zum Bildschnitzen, der andere wieder zum Zeichnen usw. So können einige Bekannte von mir tadellos zeichnen, dabei weder lesen noch schreiben. Ein Schwager von mir hatte mehr Talent zum Malen mit Farben, als zum Zeichnen. Er würde darin manchen gelernten »Dekorationsmaler« vom Lande oder der kleineren Städtchen übertreffen, ohne nur die geringste Anleitung je darin empfangen zu haben. Er malte unter anderem sehr nett den Theatervorhang und Kulissen seines einstigen »Reisendem Volkstheater«, mit welchem er auf den Dörfern in Wirtschaftssälen Vorstellung gab. Zum Schluß machte er dann mit seiner Familie Streich- und Blechmusik mit Gesang! Eben einer der vorhin erwähnten guten Streich- und Blechmusiker. Spielten z. B. »Genovefa« usw. Andere lernten es nur durch dies Zeichentalent ohne jede Anleitung oder Unterricht. Z. B. konnte ich, ehe ich 6 Jahr alt war, ehe ich eine Schule auch nur inwendig gesehen hatte, wie ich ja überhaupt kaum 3½ Jahre in eine Schule kam, schon gut lesen und schreiben, eben durch mein Zeichentalent angeregt. Ich zeichnete die gedruckten Buchstaben meines Namens, schnitzte sie auch ins Holz und lernte sie so kennen, lesen und schreiben. Als gute Holzschnitzer verfertigen die Zigeuner mit vielem Fleiß und Talent allerhand, so Tabaks- und Zigarrenpfeifen, Zündholzsteine, Salatbestecke (Messer, Gabeln, Löffeln), Haarschmuck, Spazierstöcke usw. Alles mit schönen Schnitzereien verziert. Bedeutendes leistete hierin ein Vetter von mir, welcher vor nun 7 Jahren gestorben ist. Im württembergischen und badischen Schwarzwald verkaufte er seine Arbeiten und hatte dadurch einen schönen Verdienst. Heute noch kann man in den genannten Gegenden seine sauber, originell und kunstvoll gearbeiteten Erzeugnisse sehen, die die Besitzer selbst um teures Geld nicht hergeben würden. Der beste mir bekannte Holzschnitzer, ein Künstler darin, war der im Jahr 1903 verstorbene G. Winter. Mit den primitivsten Werkzeugen verfertigte er wirklich nur Kunstvolles. Er verkaufte seine Sachen teuer und fand auch immer Abnehmer. Keiner der heute lebenden Zigeuner erlangte bisher wieder solche Fertigkeit im Schnitzen wie dieser. – Ein anderer württembergischer Zigeuner besaß ein besonderes Geschick darin, Kruzifixe, hl. Bildnisse, (Statuen) und Violinen, Guitarren zu verfertigen. Selbst von Kennern wurde seine Geschicklichkeit und Kunstfertigkeit anerkannt, so lieferte er manche Arbeit in verschiedene Anstalten für kirchliche Kunst. In katholischen Gegenden wurden seine Heiligen-Figuren gerne gekauft und in mancher Kirche und an Straßenkreuze durfte er den Christus machen. Einmal spielte ihm und seiner Kunst der Aberglaube in einer gewissen Gegend des Unterlandes einen bösen Streich. Er durfte da an das große Kreuz, am Eingang einer Wallfahrtskirche, den Heiland schnitzen. Kaum war er an das Kreuz angemacht, bewundert und gelobt von den frommen Besuchern, als ein paar Tage darauf, bei einem Gewitter der Blitz in das Kreuz schlug d. h. nur der Christus wurde vom Kreuz weggerissen und gänzlich zertrümmert. Wie nun die abergläubische Landbevölkerung einmal ist, wurde dieses Naturereignis dem armen Teufel schwer ausgelegt. Es war ein sicheres Zeichen, daß der Herrgott selbst so seine Meinung kundgab, daß er nicht von so einem gottlosen Zigeuner »gemacht« sein wollte. Solche Reden hörte man nach dem Ereignis. Der Pfarrer kam, weil er den Auftrag gegeben hatte, auch nicht ganz glimpflich weg. Der Zigeuner fand keine Abnehmer mehr für seine »Heiligen« und wenn sie auch noch so schön und künstlich geschnitzt waren. Er mußte daher diese Gegend meiden. Selbstverständlich durfte auch nicht er den neuen »Herrgott« machen, der wurde aus einer christlichen Kunstanstalt bezogen. Dieser Zigeuner konnte auch, wie bereits gesagt, tadellos gearbeitete Geigen usw. machen. Dadurch hatte er immer einen Verdienst, meistens lieferte er nur für die Zigeuner selbst seine Instrumente, aber auch in die größten Städte und Musikhandlungen verkaufte er öfters seine täuschend »imitierten« alten Meistergeigen, wo dieselbe dann für schweres Geld, als »echte« Steiner oder Quanari usw. als durch »glücklichen Zufall« in Besitz gelangte, an den Mann gebracht wurden. Dann ein naher Verwandter von mir »Kohler« (Zigeunername; sein rechter Name: Guttenberg, August), der heute fast ganz erblindet ist, besitzt auch den Ruf als äußerst geschickter Bildschnitzer und heute noch macht er, als halbblinder, noch sehr schöne Sachen. Unter anderem kann man Arbeiten von ihm im Museum für Volkskunde (Abteilung Europa) zu Basel, sehen.

Nachdem ist einer der wichtigsten Erwerbszweige der Zigeuner der Pferdehandel. Schweinehändler ist der deutsche Zigeuner niemals und noch nie gewesen. Sie sind tüchtige und gute Pferdekenner, was ihnen niemand abstreiten kann. Sie besitzen und kennen gute, sicher wirkende Heilmittel gegen Pferdekrankheiten. Man mag da noch so sehr schreien über »Quacksalberei«, es ist doch so! Auch verschiedene Kunstgriffe verstehen sie, die zwar nicht dem Käufer, wohl aber ihnen – nutzen. Auf die Beschreibung dieser »Zunftgeheimnisse«, deren es hier und bei anderen Gelegenheiten, eine große Anzahl gibt, muß ich aus leicht begreiflichen Gründen verzichten. Einige der berühmtesten Pferdehändler bei uns sind z. B. der bezw. die Familie (Sippe) »Schnurmichel« Familienname »Christ!« Überhaupt die aus vier Brüdern bestehende Sippe und deren Söhne. Sodann »Gadscho« (Zigeunername; richtiger Name: Lehmann), unser derzeitiger Hauptmann. Beide sind durch ihren Pferdehandel zu einer ganz netten Wohlhabenheit gekommen. Weiter noch: Franz Reinhardt und dann noch die in ganz Preußen bekannte Familie Petermann; besonders bekannt davon »Leidschi« (Zigeunername). Schöne Pferde, möglichst mehrere, schöne, glänzende Geschirre, verziert und beschlagen mit Neusilber, Messing usw. ist dem Zigeuner sein größter Wunsch und sein Stolz und gilt außerdem für

Wohlhabenheit. Rührend ist auch die Liebe, die der Zigeuner für diese Tiere hegt. Den letzten Bissen teilt er mit ihnen. Dagegen hat er gegen das Putzen derselben eine merkwürdige Abneigung.

Von anderen, den »geheimnisvollen Berufen«, will ich schweigen, sie sind ja auch so bekannt, also erübrigt sich eine Beschreibung. Auch mit Schirm- und Kesselflicken suchen sie sich durchs Leben zu schlagen. Die ungarischen Zigeuner betreiben auch noch die Goldwäscherei, Schmiedehandwerk und sind z. B. sehr tüchtige Hufschmiede. Letztere Berufe betreiben die deutschen Zigeuner nicht. Diese versuchen sich überhaupt in allem möglichen. Der Feldarbeit, Landwirtschaft bringen sie zwar keine Sympathie entgegen, doch verdingen sie sich oft in letzter Zeit, im Herbst zum Rüben- und Kartoffelgraben und öfters noch versuchen sie sich heutzutage durch Steinklopfen ihren Lebensunterhalt zu verdienen. Auch als Schausteller, Schauspieler, Zirkusbesitzer, Schildersänger, Tierdresseur usw. suchen sie ihr Fortkommen. So der alte Reinhardt mit seinen wirklich gut dressierten Vögeln, Kanarienvögel, Finken, Staren, Lerchen und Spatzen. Diese vollführen alle möglichen Kunststücke, alles in Freiheit und mit voller Flugfähigkeit ausgeführt. Eine geladene Kanone abschießen, (natürlich *en miniature*) Wagen ziehen, einige als Passagiere, Kutscher, Pferde usw. Auch eine hübsche Pantomime führen sie zusammen auf. Weiter der Zigeuner Pfaus, welcher in Sälen und Schulen eine dressierte Ringelnatter zeigt, über 1 *m* groß geworden, die er gewöhnlich durch die Knopflöcher an seiner Joppe gezogen, so daß der Kopf, mit dem immer beweglichen Zünglein, gleichsam als riesige Krawattennadel oben am Hals herausschaut. Ein Wunder für die einfältigen, törichten Bauern, die solch ein harmloses Tier als giftig und schädlich ansehen und es töten, wo sie eines erwischen, zu ihrem eigenen Schaden. Dabei hat er noch einen dressierten Raben, Pudel und Katze, alle schwarz wie ein Teufel, pardon wollte sagen Mohr! Alle vier fressen, lecken aus einer Schüssel, schlafen beieinander in schönster Harmonie und kein Zank oder Streit hat diese ihnen gestört. Ein gewiß höchst interessantes Bild für den Natur- und Tierfreund. Auch zeigt er immer einige zahme und originell dressierte Igel.

Der Zigeuner Hock war Akrobat, Messerschlucker, Schlangenmensch und Zauberkünstler. Unter anderem produzierte er sich auch als »kugelsicher«; letzteres wurde sein Verhängnis. Er lud eine Pistole, zeigte die Kugel d. h. lies sie vom Publikum untersuchen auf ihre Echtheit und beim Zurückgeben vertauschte er sie gewandt und unbemerkt mit einer zu diesem Zweck immer kurz vorher präparierten Kugel aus Cichorie. Hierauf forderte er einen der Zuschauer auf und gab ihm die vor aller Augen geladene Pistole in die Hand, ihm auf die entblößte Brust zu schießen. Gab sich niemand dazu her, so tat er es auch selbst. Natürlich verletzte ihn die weiche Cichorienkugel nicht. Gewöhnlich verfing sich dieselbe in den Kleidern oder fiel zu Boden, wo er sie dann schnell und unbemerkt zertrat. Die bereit gehaltene »echte« Kugel aber ließ er entweder gleich nach dem Schuß auf den Boden fallen oder zog sie, je nach dem, auch aus dem Hemd oder der Hose hervor und zeigte sie vor. So gab er wieder einmal Vorstellung und der dazu Aufgeforderte schoß auch gleich auf ganz kurze Entfernung auf den Künstler. Mit einem lauten Aufschrei brach dieser tot zusammen. Er hatte die Kugel nicht verwechselt, wie die in den Trick Eingeweihten zuerst annahmen, sondern hatte, statt einer kurz vorher präparierten Kugel (die man nachher fand und die ganz weich war), eine jedenfalls vergessene schon von längerer Zeit gemachte Cichorienkugel erwischt, welche durch die Länge der Zeit, hart und fest geworden und durch die Brust ins Herz gedrungen war.

Die beiden Brüder Stein, welche sich als Kunstwasserschwinger und Feuerwerker produzieren, wählen zu ihren Produktionen und Vorstellungen immer die höchsten Brücken über Flüsse oder, wo keine Brücken sind, machen sie selbst ein hohes Gerüst aus Leitern, von wo herab sie ihre Kunstsprünge, den Körper mit Raketen eingehüllt, die vor dem Sprung angezündet werden und während dem Abfeuern der Raketen, allerhand schwierige und schöne Wasserkunststücke sehr elegant und gewandt ausführen. Der ältere brach schon zweimal den Fuß bei diesem oft recht gefährlichen »Kunstsprung«! Der jüngere ist außerdem einer der besten Guitarrespieler und Künstler auf diesem Instrument von uns deutschen Zigeunern.

Ein wirklich hervorragender Künstler auf der Guitarre, von keinem anderen Zigeuner vor- und nachher übertroffen, war der Zigeuner Blach (Zigeunername: »Gokkel«.) Er spielte darauf ganze Opernauszüge. So z. B. Auszüge aus »Troubadour« – »Martha« – »Undine« usw. Einfach eine Berühmtheit auf diesem Instrument.

Ich selbst war schon alles mögliche: Schausteller, Rekommandeur, Dresseur, Schauspieler, Pferdehändler, Zauberkünstler, Impresario von der »Anitzka« die bärtige Dame, Zirkus- vielmehr »Kunstarena«- und Singspiel- und Konzert-Direktor, Kunstschwimmer und Athlet und Ringkämpfer, heute vom Schicksal unerbittlich verfolgt nur noch – Hausierer.

Der Zigeuner Winter (Zigeunername: »Hose«), der mit seinem Bruder und Geschwistern einen kleinen Zirkus hatte, d. h. ein Rondel und sein Geschäft in nettem Zustande hatte, trat als Brustathlet, Kettensprenger, Ringkämpfer, nebenbei noch mit einem dressierten, großen Affen und einem Pferd *à la* »Hans« auf. Der Affe war sein Untergang. Er war ein gar lieber, treuer Freund zu mir. Ein aufrichtiger, liebenswürdiger und trotz seiner Bärenkraft nur gemütlicher, braver Mensch. Darum das ihm zugestoßene Unglück um so bedauerlicher. Er gab wie immer (im Sigmaringischen) eines Abends Vorstellung. Unter den Zuschauern war ein noch junger Bursche, (ein

Schaukelbursche und Sohn von einem Geschäft, welches auch auf dem Platz aufgebaut hatte, neben dem Rondel der Gebr. Hose) dieser störte die Vorstellung fortwährend durch laute Rufe, freche Bemerkungen, man merkte, daß er mit Gewalt die Vorstellung stören wollte. Da er auf keine Zurechtweisung hörte, wurde er schließlich von meinem Freund, dem älteren Hose, kurzer Hand an die Luft spediert und man glaubte, der Fall wäre erledigt. Dem war aber nicht so. Nämlich der erwähnte Affe war unter anderem auch dazu dressiert, während des Spielens, inwendig vom Rondel (Rundleinwand) stets im Kreise herum zu laufen, auf den Hinterfüßen, aufrechtstehend, um zu verhindern, daß jemand unbefugterweise die Rundleinwand aufhebe und gratis zuschaue. Es war mehr zur Abschreckung der Dorfjugend und um ein Beschädigen, Zerschneiden der Leinwand zu verhindern. Diesem Affen, ein ganz und gar gutmütiges Tier, stach der rohe Kerl von außen durch die Leinwand hindurch, das Messer in den Leib, so daß er schreiend und röchelnd verendete. In gerechtem Zorn sprang nun mein Freund hinaus, um den Übeltäter zu züchtigen oder vielleicht auch nur, ihn festzuhalten. Und da geschah das abscheuliche, der rohe Patron stieß ihm das noch vom Blute des Affen rauchende Messer ins Herz, so daß ich nur noch sah, wie er, wie vom Blitz getroffen, lautlos zu Boden stürzte. Der Bursche verschwand in der Dunkelheit. Die Vorstellung hatte ein jähes Ende gefunden. Wohl entging der Täter der irdischen Gerechtigkeit nicht, aber ein guter, braver Mensch war nicht mehr.

Trotz diesen vielerlei Beschäftigungen kommt der Zigeuner in den seltensten Fällen auf einen grünen Zweig. In seinem leichten Sinn, wenig um das »morgen« besorgt, lebt er nur dem »heute!« Sind alle Mittel zu Ende, so lebt er solange sorgenlos dahin, bis er vom Hunger und Durst gequält, hauptsächlich im Winter, dem gefürchtetsten Gast des Zigeuners mehr als einmal bereit ist, den Unterschied zwischen »Mein« und »Dein« zu verwechseln. Doch auch in solchen mißlichen Lagen, verliert er seinen Humor nicht und nimmt manches auf die leichte Achsel, was ein anderer nicht gerade so leicht finden würde. Schon von Jugend auf wird er an alle Arten Entbehrungen gewöhnt. Sehr oft ist Schmalhans Küchenmeister und statt einem fetten Stück Schweinefleisch und einem guten Schluck Branntwein, muß er sich öfters nur mit Wasser und Brod begnügen. Was andere schon in frühester Jugend nicht mehr entbehren können, lernt er erst oft in sehr gereiften Alter kennen, so z. B. erzählt einer meiner »Kako« (Vetter) oft, wie er der »Bibi« (Tante), seiner Frau, erst kurz vor ihrer Verheiratung die ersten Schuhe kaufte. Als sie die Schuhe beim Kaufmann anprobierte, so fragte sie, als sie den einen Schuh angezogen hatte, ganz verzweifelt: »Kamlo Rom (lieber Mann) einen hätte ich an, jetzt wo gehört der andere hin?«

Das bisher gesagte beweist also zur Genüge, (das nachfolgende wird es noch weiter beweisen) daß die Zigeuner – nicht allein vom Betteln und Stehlen leben!

Am meisten muß zur Versorgung und Erhaltung der Familie die Frau beitragen, welche sich durch allerlei gute, sichere Zaubermittel, Wahrsagen, Kartenschlagen usw. fast immer ein gutes Stück Geld erwirbt. Daß die Zigeuner viele Heil-, Zauber- und Geheimmittel haben, die stets sicheren Erfolg haben und bei den Bauern, notabene auch bei den Städtern, in hohem Ruf stehen, durch die dadurch erzielten oft wunderbaren Kuren und Erfolge, ist gut bekannt. Weniger bekannt ist vielleicht, daß die Zigeunerinnen auch sehr gute Tänzerinnen sind, Sängerinnen, Flechterinnen von allerlei nettem Flechtwerk. Die hervorragendsten unter ihnen besitzen nicht nur bei der Landbevölkerung, sondern auch bei ihren eigenen Stammesgenossen einen hohen Ruf und stehen bei letzteren in sehr hohem Ansehen. Solch eine *»brawi Dschuwel«* (Ehrenname für Zigeunerinnen), wird den anderen stets als Beispiel vorgehalten und sind solche auf ihren Ehrennamen stolz und auch mit Recht. Eine der berühmtesten und angesehensten Wahrsagerinnen, die im Wahrsagen aus den Linien der Hand sozusagen einzig dastand und einen Weltruf (?) genoß, war meine Schwiegermutter bei uns deutschen Zigeunern. Außerdem war sie ein sehr schönes Weib, mit wunderbar kleinen Füßen und konnte ausgezeichnet tanzen. Sie produzierte sich auch als Fußspitzen- und Kunsttänzerin, indem sie auf einem Teller tanzte. Selbst wir, die wir doch so oft das Schauspiel sahen, bewunderten immer wieder, die auf solch einem Teller ausgeführten schönen Tänze. Infolge einer körperlichen Entstellung gab sie dies Tanzen kurz nach einem Unfall auf. Umsomehr steigerte dies Mißgeschick direkt ihren Ruf als Wahrsagerin und weise Frau, weil sie den Unfall Jahre vorher prophezeit hatte. Dieser Unfall zeigt zugleich, wie man in gewissen Kreisen die Zigeuner trotz dem Jahrhundert der Humanität, immer noch als vogelfrei zu betrachten scheint. Ich will ihn daher etwas ausführlicher schildern.

Es war an der bayerisch-österreichischen Grenze, noch auf dem Gebiet des »heiligen« Landes Tirol, als im Anfang ihrer Ehe meine Schwiegereltern in Gesellschaft, in einer Lichtung im Wald das Lager aufgeschlagen hatten. Die Frauen waren alle zurück aus den Dörfern und waren alle guter Dinge. Nur meine Schwiegermutter war noch nicht zurück, als man den aufgestellten Späher das Zeichen »Vorsicht« geben hörte. Gleich darauf gab er das Zeichen »Gefahr« und sofort auch »Hilfe«! Einige Männer, darunter mein Schwiegervater sprangen in die Wagen, um sich zu bewaffnen und dann der vom Späher angedeuteten Richtung zu. Die Frauen und Kinder brachen alles ab und zerstörten die Feuer, die Pferde wurden eingeschirrt und im nu war alles zur Flucht, zur Abreise hergerichtet. Der Späher meldete, daß er Hilferufe gehört habe und zwar habe er zuletzt deutlich die Stimme der

»Madel« (Zigeunername meiner Schwiegermutter) erkannt. Gleichzeitig ertönten wieder die in unserer Sprache abgegebenen, gellenden Hilferufe und viel näher. Kein Zweifel, es war die noch nicht Zurückgekommene und allem Anscheine nach war sie in großer Gefahr. Alle stürzten in fieberhafter Eile der Richtung nach, von welcher die Hilferufe kamen. Sehen konnte man in dem tiefen Wald noch nichts. Da, in nächster Nähe der Straße, war eine etwas größere Lichtung, wo die Männer das nun folgende, abscheuliche Schauspiel mit ansehen mußten. Ein Gendarm stand da neben meiner Schwiegermutter, riß an ihr herum, er wollte sie fesseln. Sie wehrte sich dagegen, da stieß er sie mit dem Gewehrkolben in ganz unmenschlicher Weise, in Rücken, auf die Brust, den Leib, so daß sie einigemale zu Boden stürzte; und sie war in – hochschwangerem Zustand. Ihr Mann sprang rasend vor Zorn und Wut auf den rohen, wüsten Gendarmen zu, seinem mißhandelten Weibe zu Hilfe und ihr zurufend. Darauf sprang diese auf und wie ein gehetztes Reh davon, aber statt ihrem Manne entgegen, in der Richtung der Straße zu. Da nahm der Gendarm das Gewehr, schoß nach der Fliehenden, und mit einem markerschütternden Schrei fiel sie am Waldesrand nieder. Entsetzen ergriff die Männer über solch einer gräßlichen Tat, an einer wehrlosen schwangeren Frau. Alles glaubte, sie wäre tot. Ihr Mann stumm und weiß wie der Tod, stand im gleichen Moment vor dem Mörder. Seiner Sinne nicht mehr mächtig, schoß er dem Gendarm die volle Ladung seiner Pistole ins Gesicht, so daß ihm das Hirn des Elenden ins eigene Gesicht spritzte. Er hatte es verdient.[1] Die andern hatten sich um das, wie sie glaubten, erschossene Weib bemüht, die zwar in Ohnmacht aber nicht tot dalag und einem Kind das Leben gegeben hatte. Dies Kind ist jetzt – meine Frau. Die Mutter hatte nur einen Streifschuß erhalten, aber das Auge war verletzt, so daß es auslief und sie einäugig war, was sie, vorher eine der schönsten Frauen, sehr entstellte. Der Gendarm wurde absichtlich liegen gelassen, nichts von seinem Eigentum angerührt, Tag und Nacht gefahren und die Gegend für immer verlassen. Später hörten wir, daß die Zigeuner stark im Verdacht waren, aber schließlich bestimmt angenommen wurde, der Gendarm wäre bei einem Renkontre mit Wilderern getötet worden. Und weswegen diese Scheußlichkeiten? Der Gendarm beschuldigte die arme Frau, eine – Katze gestohlen zu haben, es habe jemand zugesehen und ihm Anzeige gemacht. Das war nicht wahr und wenn es gewesen wäre, berechtigte dies dann zu so brutalen, rohen Mißhandlungen? Durfte er zwei Menschenleben vernichten (das dem nicht so war, ist nur ein glücklicher Zufall gewesen) wegen einer – Katze? Er, der Gendarm titulierte die unschuldige Frau auch noch mit solch unverschämten, gemeinen Redensarten, die hier nicht wiederzugeben sind. Auch sagte er, sie habe die Katze wieder durchgehen lassen, das habe sollen ein Braten geben usw. Aber wir deutschen Zigeuner essen Katzenfleisch usw. niemals, selbst in der größten Not nicht. Nach unserem Gesetz streng verboten! Wer es übertritt, ist *»baledschido«* (unehrlich). Alle Beteiligten sind schon längst tot, d. h. mit Ausnahme der unbeteiligten Kinder, daher meine offene und gewissenhafte Schilderung, d. h. wie ich sie oft aus dem Munde der direkt Beteiligten gehört habe. Die Zigeuner sind weder Mörder noch Kinderräuber, das wird ihnen zu Unrecht nachgesagt. Ich selbst und der größte Teil der Zigeuner bedauern tief solche Ausschreitungen, wie die eben mitgeteilte, aber ich frage: Was hätte ein anderer Gatte getan, in den gleichen Umständen, angesichts solcher unmenschlicher Behandlung und einer solchen abscheulichen Tat? Die Tat des Gatten ist absolut nicht zu billigen, aber schließlich zu begreifen. Hätte man der Gerechtigkeit ihren Lauf gelassen, so wäre, so gewiß als 2 und 2 vier ist, nicht der Gendarm, wohl aber die Frau zu ihrer Frühgeburt, zu ihrer Entstellung, zu ihren Mißhandlungen – noch bestraft worden. Gerechtigkeit damals und insbesondere gegen die Zigeuner! Auch wäre es eine Feigheit gewesen und Infamie nach unseren Sitten und Anschauungen, die Frau arretieren zu lassen, vom anderen ganz zu schweigen. Daß die Sache ein solch schreckliches Ende nehmen würde, ahnte Niemand, der Feigling von Gendarm wohl am allerwenigsten. –

[1] nach dem Recht der Naturvölker. D. H.

Wie ich ja schon an anderer Stelle betonte, muß ich es mir versagen, auf die nicht immer ehrlichen »Berufe« der Zigeunerinnen, wie Zauberei, Traumdeuterei, Wahrsagerei, Hexenbannerei und Austreiberei usw., sowohl bei Menschen wie Vieh, näher einzugehen! Hauptsächlich betrifft das unser Wahrsagen aus den Linien der Hand. Ein Verrat hierin würde augenblicklich schwer bestraft werden. Derjenige würde kein Glück, keine Rast und Ruh mehr haben. Die Verstorbenen würden es rächen. Es ist dies einzig unsere Kunst, mit der die Zigeunerin sicher und unfehlbar, sowohl die Zukunft als auch Vergangenheit ergründet und das größte Geheimnis bleibt für jeden Nichtzigeuner![2] *Tschatschopaha!* Auch sollte man nicht so viel Aufhebens davon machen und immer und immer wieder losdonnern gegen die »unehrlichen« Gewerbe Hexerei, Betrügerei! Was schadet es, wenn hin und wieder die Dummheit etwas bestraft wird? Warum sollen wir Zigeuner gegen die Dummheit kämpfen, wenn es selbst die Götter nicht vermögen? Aber nützen soll sie uns![3] Man bedenke auch, daß sie selber abergläubisch sind und an manches selber felsenfest glauben! Aber auch gutes kann eine Zigeunerin mit ihren oder durch ihre »lichtscheuen« Gewerbe stiften, selbst Verbrechen verhindern, was das folgende illustrieren soll.

[2] So meint der Verfasser.

[3] Das ist die Auffassung der Zigeuner. Der Verfasser denkt wohl schon etwas anders. Seine eigene Frau vermeidet das Wahrsagen als unehrenhaft!

Kam da eine mir nah verwandte Zigeunerin (es war im Neckartal und noch gar nicht so lange her) zu einer als abergläubisch bekannten Frau, die sich ihres Mannes (einem Säufer) entledigen wollte. Eine »weise« Frau (keine

Zigeunerin!! Man sieht, nicht blos Zigeuner verstehen sich auf »unehrliche« Geschäfte!) hatte ihr ein Mittel hierzu angeraten, ein gutes, tatsächlich sicher wirkendes. Die Frau war im Begriff dasselbe anzuwenden bezw. machte Anstalt hierzu. Nämlich sie mußte in den drei höchsten Namen, mit der linken Hand, Holz und Stroh unter das Bett ihres Mannes häufen und dies, wenn der Mann schlief – anzünden, auch in den drei höchsten Namen, aber alles unbesprochen d. h. von anderen nicht dabei angeredet werden, sonst hatte die Zauberei keine Wirkung, andernfalls aber wirkte es sicher und zwar so, daß Niemand, außer der Eingeweihten, das Feuer brennen sah! Auch mußte man es am Freitag tun. Die Frau wurde durch das Dazwischenkommen meiner Verwandten verhindert, das Verbrechen auszuführen. Sie überredete die Frau, daß sie ihr ein ganz anderes, leichtes und gutes Mittel zu diesem Zweck wisse und die Frau vertraute ihr ganz und gar. Natürlich fiel es meiner Verwandten nicht ein, den Mann beseitigen zu helfen. Ihr genügte, einen »sicheren Verdienst« auf lange Zeit hinaus gefunden, die Frau an einem schweren Verbrechen, den Mann vor einem schrecklichen Tod, bewahrt zu haben. Das genügte ihr! Aber man sieht, es gibt in Bezug auf Moral noch Tieferstehende, als wir Zigeuner; denn Mord wird uns wohl zwar nachgesagt, aber mit Unrecht. Nur in einem Fall erinnere ich mich, wo eine Zigeunerin zur Kindesmörderin wurde. Diese war dann auch ihr Leben lang *»baledschido«* (ausgestoßen von aller Gemeinschaft, geächtet). Ebensowenig sind sie Kinderräuber (wenn auch früher vielleicht mal in einzelnen Fällen), denn sie haben selbst genug, brauchen also absolut keine zu stehlen. Daß sie Menschenfleisch äßen, ist eine haarsträubende Lüge. Ebensowenig essen wir deutschen Zigeuner Pferde-, Hundefleisch oder gar Aas, wie z. B. die ungarischen Zigeuner, die schon vergrabenes wieder ausgraben und verzehren, (verendete Schweine usw.). (?) Wir würden unser Gesetz schwer verletzen und müßten es schwer büßen. Die Lieblings- oder Nationalspeise ist Igelfleisch. Bei Tage werden sie ohne oder auch mit den dazu abgerichteten Hunden gesucht. Bei Nacht selten und dann nur mit Hunden. Igelfleisch wird jedem anderen Fleisch vorgezogen.

Moralische Empfindungen spricht man gewöhnlich den Zigeunern ab, aber sehr mit Unrecht. Mit gleichem Unrecht behauptet man, daß sie auf einer noch sehr primitiven Kulturstufe stehen. Gerade an ihren Familien- und Stammesverhältnissen, an ihren Sitten und Gebräuchen sieht man das Gegenteil am besten. Früher als die Zigeuner noch in großen Haufen (Genossenschaften), d. h. alle Stämme eines einzelnen Landes, Norddeutsche, Süddeutsche bildeten ein ganzes für sich, (laut den noch existierenden mündlichen Zigeuner-Überlieferungen) reisten, hatten sie ihre regelrecht gewählten Anführer (Häuptlinge, Hauptleute). Die Ungarn haben heute noch ihre Ober- und Unteranführer (Wojwode, Saibidjo). Heute ist es in dieser Beziehung bei uns wesentlich anders geworden. Schon längst wurde es nicht mehr geduldet, in größeren zusammenhängenden Gesellschaften zu reisen, in den letzten Jahren wurden wir sogar gezwungen, nur noch familienweise in 1 bis 2 Wagen zu reisen, uns in kleine Trupps aufzulösen. Wir deutschen Zigeuner haben daher nur einen Hauptmann[4], welcher gewählt wird. Hauptmann wird nur einer, der sich die Achtung und Neigung der anderen zu erwerben versteht. Auch muß er nach zigeunerischen Begriffen etwas wohlhabend sein. Er muß ein bewährter und unerschrockener Mann sein. Wenn er alt, krank oder gebrechlich geworden, wird ein anderer gewählt, doch gilt auch hier »keine Regel ohne Ausnahme«, gewöhnlich aus der Familie oder allernächsten Verwandtschaft des bisherigen Hauptmanns. Dieser spricht Recht in allen Streitigkeiten der Zigeuner untereinander; hauptsächlich aber wenn jemand *»baledschido«* ist, d. h. wenn jemand sich gegen das Gesetz vergangen hat. Zu diesem Zweck ist alle Jahr ein *»Zilo«* (Versammlung), gewöhnlich im Herbst und zwar im Elsaß. Diese Zusammenkünfte sind geheim. Fremde werden in keinem Fall zugelassen. Da werden diese Sachen alle ausgemacht und vom Hauptmann Recht gesprochen. Je nach dem Vergehen auf ein paar Jahre *»baledschido«* gesprochen oder ganz ausgestoßen. Andere wieder »ehrlich« gemacht oder auf weitere Jahre *»baledschido«* gesprochen. Nur inbezug auf die Blutrache stehen dem Hauptmann irgendwelche schlichtende Rechte nicht zu. Nach solch einem *»Zilo«* geht es immer lustig zu. Diejenigen, welche wieder ehrlich, also nicht mehr *»baledschido«* sind und deren Angehörigen, bezahlen, d. h. halten die andern frei, aus Freude darüber, wieder in die Gemeinschaft aufgenommen, wieder einer der ihren zu sein. Wein, Bier, Branntwein, alles fließt in Strömen. Es wird gesungen, getanzt, geschmaust, gespielt, kurz es geht recht lustig und turbulent zu. Die Schattenseite ist aber dann die, daß gewöhnlich der Schluß einer solchen großen Zusammenkunft – eine regelrechte Schlägerei ist, ja oft werden wahre Schlachten geschlagen.

[4] Der Verfasser kennt nur den Hauptmann der süddeutschen Zigeuner. Dieser ist aber nicht der einzige in Deutschland.

Denn zu einem solchen *»Zilo«* kommen manche, die nur ihren Feind suchen, der das »Totenhemd« an hat, d. h. die eine Blutrache oder sonst etwas miteinander auszufechten haben. Es wird *»gepraßt«* d. h. man beschimpft sich gegenseitig, dann kommt es zum Handgemenge und es wird geschlagen, gestochen und geschossen. Ohne Blutvergießen oder oft auch Totschlag geht es meistens nicht ab. Angezeigt wird nichts. Niemals verrät ein Zigeuner den anderen den Behörden. Alles wird wieder selbst ausgemacht. Wer etwas anzeigen oder eine Angabe machen würde, wonach der oder die Täter von der Behörde ermittelt würden, hätte *»gepukt«*, er wäre ein *»Pukerer«* und sein Tod gewiß. Wird aber der Täter so erwischt und verurteilt von der Behörde, so gilt diese Strafe nichts, d. h., wenn er die Strafe verbüßt hat, so ist er dennoch der Blutrache verfallen. Kommt es aber zu einer Versöhnung der Gegner (am meisten imponiert Mut und Unerschrockenheit), so ist die

Aussöhnung dauernd. Zum Zeichen der Versöhnung nimmt derjenige, der Rache geschworen hat, zwei Gläser (Bier-, Wein- oder Branntweingläser), schenkt selbst von dem betreffenden Getränk ein, nimmt dann aber das Glas vom anderen Teil, (der Gegner dann umgekehrt), stößt an, d. h. trinkt ihm zu und beide leeren das Glas auf einmal. Jeder nimmt dann wieder sein eigenes Glas an sich; die Gegner sind versöhnt, jede Rache ist vergessen und alles ist vergeben. Hier nur ein Beispiel aus der Wirklichkeit: Bei einer zufälligen Zusammenkunft (größeren) bei Hagenau, einer meiner Schwäger mit einem anderen Zigeuner, der meinem Schwager Rache geschworen, (von ihm aus das »Totenhemd« anhatte) kam es am Abend in der Wirtschaft durch das unerschrockene Auftreten meines Schwagers zur Versöhnung der beiden Gegner. (Zeremonie wie vorgehend beschrieben. Bei Bier oder Wein wird dazu ein kleines Glas bezw. ¼-Literglas oder größeres Glas, nur wenig darin, genommen.) Wie es der Zufall wollte, kam kurz nach der Versöhnung ein anderer Gegner resp. zwei, Vater und Sohn, an. Der Zigeuner, welcher meinem Schwager Rache geschworen, sich aber mit ihm versöhnt hatte, hatte den beiden spät angekommenen Zigeunern ebenfalls Blutrache geschworen. Beide hatten also von ihm aus das »Totenhemd« an. Es war bereits sehr spät in der Nacht, als es wirklich zum Zusammenstoß kam. Das Ende war furchtbar. Der frühere Gegner von meinem Schwager forderte die beiden zuletzt angekommenen Zigeuner heraus, *»praßte«* und schoß den Sohn auf der Stelle tot und zwar am Ende des Hausausganges (Treppe) der Wirtschaft. Der Vater des Getöteten wollte seinem Sohn zu Hilfe eilen, wurde aber von dem sich wie wild gebärdenden Täter ebenfalls zweimal angeschossen. Eine Kugel bekam er in den Oberschenkel, die andere ging durch Kinn und Hals und kam am Kopf wieder heraus. Er flüchtete, mußte aber im Spital aufgenommen werden, wo er innerhalb 8 Tagen ebenfalls seinen Verletzungen erlag. Mein Schwager stand unmittelbar neben dem getöteten Zigeuner, als der Täter mit wild rollenden Augen nach dem anderen Zigeuner suchte. Wäre es nur eine halbe Stunde früher zum Kampf gekommen, so wäre mein Schwager oder sein Gegner sicher ebenfalls getötet worden. So aber fand Versöhnung statt und kein Haar durfte ihm gekrümmt werden. Die Sitten sind in dieser Beziehung streng. Da kein Zigeuner den anderen anzeigt, so erwischte man den Täter auch nicht. Er hat jetzt wieder das »Totenhemd« an von den verwandten Leuten der Erschossenen. Zur näheren Erklärung der Blutrache nur ein Beispiel: Vor etwa 8 Jahren hatte der Zigeuner B. Eckstein dem Zigeuner S. Guttenberger, als letzterer eine Gefängnisstrafe verbüßte, dessen Geliebte bezw. nach unseren Begriffen seine Braut – ihm abwendig gemacht. Nach unseren Sitten durfte bezw. mußte er sich rächen, wenn er kein Feigling sein wollte. Der Verführer wußte aber auch gut, daß er das »Totenhemd« anhatte, von dem hintergangenen Liebhaber bezw. zukünftigen Gatten aus.

Als Guttenberger frei war, suchte er den Eckstein auf, der daran war, die Ehe nach unseren Anschauungen mit dem fraglichen Frauenzimmer einzugehen. Er traf ihn in einer Wirtschaft. Dieser, überrascht durch den unerwarteten Besuch, sich aber der Situation voll bewußt, erhob sich, um hinaus zum Wagen zu gehen, jedenfalls, um sich zu bewaffnen. Guttenberger zog aber sofort eine Doppelpistole und schoß nach ihm. Der erste Schuß ging fehl und fuhr die Kugel oben in die Stubentüre. Die zweite traf ihn in den Kopf und furchtbar entstellt brach er tot zusammen. Durch die anwesenden Bauern wurde der Täter an einer Flucht verhindert. Er bekam vier Jahre Gefängnis. Jetzt ist er längst frei, aber eines schönen Tages fällt auch er als Opfer der Blutrache. Die vier Jahre Gefängnis haben gar keinen Einfluß oder Bezug auf diese. Dem Frauenzimmer geschieht nichts. Eine Verbindung aber mit dem betrogenen Rächer ist für immer ausgeschlossen. Er würde dadurch *baledschido* werden, nicht aber sie.

Außerdem ist bezw. wird *»baledschido«* (leichtere Vergehen), wer Hundefleisch, Pferde- und Katzenfleisch ißt, ja wer nur aus einem Hafen, Schüssel usw. ißt, wo solches nur darin war bezw. darin gekocht wurde, ebenso wer aus einem Gefäß ißt oder trinkt, welches von einer Zigeunerin mit dem Rock berührt, gestreift, über das sie etwa hinweggestiegen ist. Solche Gegenstände müssen, wenn auch noch so nagelneu, sofort vernichtet werden, natürlich auch das darin gekochte. *Praßen* (Beschimpfen) auf seine Tote, auf des *Praßenden* Frau – ohne Abwehr macht *baledschido. Baledschido* wird, wer während der Periode zu seiner Frau liegt und überhaupt solche Vergehen gegen die Schamhaftigkeit in und außer der Ehe, z. B. Besuch von Prostituierten, Onanie usw. treibt. Schwere Vergehen, wofür oft für immer aus der Gemeinschaft ausgeschlossen, geächtet und verachtet wird, sind Sittlichkeitsvergehen, widernatürliche Unzucht, Kindesmord usw. Die Strafe des *baledschido* besteht darin, daß ein solcher auf bestimmte Zeit oder zeitlebens von aller Gemeinschaft, Verkehr usw. der übrigen Zigeuner ausgeschlossen, verstoßen, geächtet ist. (Noch bei den Ausländern, bei den deutschen nicht mehr). Auch nicht mit ihnen zusammen reisen. Solche müssen allein reisen. (Nur ausländische Zigeuner, bei den deutschen Zigeunern nicht, hier Zusammenreisen erlaubt). Auch darf man nicht mit solch einem aus einem d. h. dem »geächteten« seinem Glas etwa trinken. Anstoßen, »Gesundheittrinken«, »Prosit« und an einen Tisch setzen, ist erlaubt. Nicht erlaubt wieder – aus einer Tasse, Teller usw. eines *baledschido* zu essen oder seine Löffel, Gabel, Messer usw. zu gebrauchen. Wer etwas derartiges tut, wird eben dann auch *baledschido.* Diese Strafe ist in jeder Beziehung für den Zigeuner schrecklich. Abgesehen davon, daß er von allen gemieden wird, wird er von den Behörden als Einzelner überall angehalten und hat seine liebe Not und Scherereien. Wie sehr auch der Zigeuner das freie, ziellose Herumreisen liebt, ebenso liebt er die Geselligkeit mit seinesgleichen. Allein von Ort zu Ort wandern zu müssen, vom Heimweh und Verlassenheit verfolgt, ist für ihn, bei seinem geselligen Wesen, die denkbar größte moralische Strafe.

Wie schon gesagt, leitet und bestimmt bei den ausländischen Zigeunern die Züge der Wojwode und die Saibidjo, d. h. es wird gewöhnlich im Winter, wenn alles die Winterquartiere bezogen hat, eine Versammlung abgehalten.

Zigeunerfamilie *Winter* in Allmendingen.

Da wird nun über alle den Stamm interessierenden Angelegenheiten beschlossen und beraten, über die Wanderungen im nächsten Sommer, die Züge, und jedem sein Gebiet zugeteilt. Bei den deutschen Zigeunern ist das anders; hier kann nur beiläufig in der Versammlung beschlossen werden, welche Reiseroute die einzelnen Familien bezw. kleineren Gesellschaften einzuschlagen haben, weil ja in Deutschland größere Trupps nicht mehr miteinander reisen dürfen. Jede derartige kleinere Gesellschaft ist für sich und der älteste der Männer ist der Führer, das Haupt der Truppe, er bestimmt und regelt alles. Unbedingt werden seine Anordnungen genau befolgt. Auch bezogen bisher die deutschen Zigeuner mit geringen Ausnahmen selten Winterquartiere. Nur über Weihnachten, Neujahr, blieben sie in einem Ort usw., sonst reisen sie das ganze Jahr. Jetzt ist es auch in dieser Beziehung anders geworden. Wegen den schulpflichtigen Kindern und der Beschaffung der Reisepapiere müssen sie nun auch ein wenig wohnen und zwar kommen sie dann beim Eintritt des Winters zu größeren Trupps in gewissen Gegenden zusammen, wo sie sich einmieten und um jeden Argwohn zu unterdrücken, die Miete für Monate, ja ¼ Jahr vorausbezahlen. Einige haben schon sogar Häuser gekauft, z. B. in Bayern. Solche Winterquartiere befinden sich bei uns in einem Dorf bei Karlsruhe, bei Stuttgart und hauptsächlich im Elsaß. Ist dann der Winter, der gefürchtetste Gast der Zigeuner, mit seiner Not und seinem Elend vorüber, d. h. schaut nur die liebe Sonne aus den Wolken heraus im beginnenden Frühjahr, so ist kein Halten und Bleiben mehr. In scheinbarer Unordnung gehen die einen da, die andern dort hinaus, und doch ist alles so annähernd geregelt und schlägt jede Abteilung seine ihm vorläufig bestimmte Reiseroute ein. Von der Ordnung wird aber bald nichts mehr zu sehen sein, denn verschiedenes trägt dazu bei, sie aufzulösen, Kollusion mit der Behörde u. dgl. Da treten dann die Wanderzeichen in Aktion, durch die sie sich verständigen, raten und warnen, Mitteilungen machen, Zusammenkünfte und irgend ein Vorhaben signalisieren. Diese Wanderzeichen, Signale usw. finden sich weit mehr bei den ausländischen Zigeunern als bei den deutschen. Nur sozusagen im inneren Leben bedienen sich die deutschen Zigeuner einiger weniger Zeichen, so z. B. beim Aufstellen von Posten, Gebärdenzeichen, Warnungszeichen beim Erscheinen von verdächtigen Personen oder Amtspersonen, Gendarmen usw., wenn man sonst nicht mehr anders warnen kann. Früher waren auch weitere Zeichen im Gebrauch. Beim Fahren, um den Nachkommenden den Weg, die eingeschlagene Richtung zu zeigen, werden aber auch heute noch manche angewendet. Bemerkenswert ist noch der eigenartige nur von ihnen gebrauchte und bekannte Zigeunerpfiff, nach Art des heimatlichen Bubenpfiffs, aber durchaus nicht mit diesem zu vergleichen. Ertönt der Pfiff, wo es auch sei und zu jeder Zeit, so weiß jeder, daß einer der ihren in der Nähe ist, ohne ihn zu sehen oder sonst ein Zeichen zu erhalten.

Der Gebräuche im Wohnwagen sind viele, von denen nur einige hier angeführt werden können. Eine Geburt im Wohnwagen darf nicht erfolgen, d. h. in keinem von ihren Wagen darf geboren werden. Ausgenommen eine Fehlgeburt, welche nicht als Geburt, sondern nur als eine Krankheit angesehen wird. Findet dennoch einmal eine Geburt im Wagen statt, so muß derselbe verkauft werden. Er darf von keinem Zigeuner mehr benützt werden. Ebenso dürfen alle darin befindlichen Gegenstände (ausgenommen die Kleidungsstücke) wie z. B. Koch- und Eßgeschirr, auch Löffel, Gabeln usw., Trink-, Eß- und sonstige Lebensmittel nicht mehr benützt werden. Das Bett, worin die Geburt vor sich ging, muß verkauft oder vernichtet werden. Wer irgend eine der angeführten Sachen dennoch wieder gebraucht, wird *baledschido* und zwar zählt solches zu den leichteren Vergehen. Dennoch wird diese Sitte streng durchgeführt. Gewöhnlich erfolgt eine Geburt unter dem Wagen, in einem Schuppen, Scheune oder dergl. Oder auch ganz im Freien, im Wald, hinter einem Gebüsch usw., auf einem primitiven Lager. Großer Vorbereitungen bedarf es hierzu nicht. Alte Kleider, ein Teppich genügen zum Lager, selten wird ein Bett benützt. Im Winter z. B. wird auch hie und da ein Zimmer gemietet auf ein paar Tage. Treten aber Umstände ein, wo doch im Wagen geboren wurde, so werden dann alle Gebrauchsgegenstände usw., um wenigstens diese zu retten, aus dem Wagen entfernt und wenn es eilt, nur noch hinausgeworfen. Alles was heraus ist aus dem Wagen, darf nachher wieder gebraucht werden. Nach der Geburt darf der Wagen dann gleich benützt werden, d. h. Mutter und Kind werden jetzt in denselben aufgenommen. Nach 2 Tagen, höchstens 3 hat sich eine Zigeunerin erholt und geht wieder ihren gewöhnlichen Beschäftigungen nach! Von der Geburt bis zur Taufe darf von den männlichen Zigeunern, auch der Vater nicht, im Wagen wo die Kindbetterin ist, etwas gegessen oder getrunken werden. Nur was außerhalb des Wagens gekocht wird! Auch darf man das Kind nicht berühren, z. B. auf den Arm nehmen oder küssen. Für weibliche Zigeuner ist vorstehendes aber alles gestattet. Getauft wird so schnell wie möglich und soll es schon öfters vorgekommen sein, um recht viele Patengeschenke zu erhalten (gewöhnlich werden zu dieser »Ehrenstelle« reiche Dorfbewohner angehalten, welche die Bitte selten, schon wegen dem Pfarrer nicht, abschlagen), daß ein und dasselbe Kind zweimal getauft wurde.

Im Wohnwagen darf weibliche Wäsche, Hemden, Unterkleider nicht aufgehängt werden, z. B. auch nicht zum Trocknen. Würde ein männlicher Zigeuner an solch einen Gegenstand stoßen, ihn mit dem Kopf berühren, so wäre er unbedingt infam, d. h. *baledschido* (unehrlich). Auch dürfen keinerlei Eßwaren, welche mit solch einem weiblichen Bekleidungsstück in Berührung gekommen sind, vielleicht durch Einwickeln oder Darauflegen, gegessen werden. Ausgenommen solche, welche nicht direkt in eine solche Berührung gekommen sind, entweder in einem Gefäß oder wenn es gut eingewickelt war, z. B. Getränke in einer Flasche oder Glas. Bei Wäschestücken von männlichen Zigeunern ist solches aber nicht der Fall.

Zwei Liebende dürfen vor ihrer Verbindung nicht öffentlich, d. h. daß es die Eltern oder Verwandten wissen, im Wagen beieinander sein. Sie müssen beide miteinander vorher *»naschen«*, ehe sie als verbunden miteinander betrachtet werden. *Naschen* = fortgehen, fliehen, bedeutet in diesem Fall, daß beide mindestens einen Tag und Nacht von der eigenen Sippe fortgehen (auf eigene Faust) müssen, wenn auch nur in das nächste Dorf oder auch nur eine Stunde weit entfernt. Gewöhnlich bleiben beide aber länger fort und hauptsächlich diejenigen, denen die Eltern die Einwilligung zur Heirat verweigern. Kommen sie dann zurück, so müssen die Eltern wohl oder übel die Verbindung zulassen, so verlangt es die Sitte. Außerdem ist es strenge Sitte, daß das zurückkommende Paar sogleich zu den Eltern, – d. h. in erster Linie vor den Vater, wenn Vater nicht anwesend z. B. tot oder wegen irgend etwas lange Zeit (Gefängnis vielleicht) abwesend, zur Mutter; falls diese auch nicht da, dann zu den Geschwistern, wenn vorhanden, wenn solche auch nicht, dann kommen erst die nächsten Verwandten – treten muß, und zwar der Mann vor die des Mädchens und umgekehrt, mit den Worten: »(Name des Vaters) *du honte da verzeiheres* (*verzeiheres* ist eines der vielen Zigeuner-Faulwörter! Richtig zigeunerisch muß es heißen: ... *du honte da – prosserrehes – mange wel* usw.) *mange wel da lejam tiri Tschai!«*) (»Verzeihe mir, weil ich Deine Tochter genommen habe!«) Dann erhalten sie zum Schluß einen Backenstreich, je nach Lage der Sache stark oder leicht und die Verbindung ist fertig, die Ehe geschlossen und wird ebenso heilig gehalten, als wenn irgend ein Priester seinen Segen dazu gegeben hätte.

Bei einem Todesfall, d. h. stirbt eine erwachsene Person im Wohnwagen, (nur bei Erwachsenen, bei kleineren Kindern nicht) so müssen nicht nur alle die Gegenstände wie bei einer Geburt entäußert oder vernichtet werden, sondern hier in diesem Fall auch noch alle Wäsche- und Kleidungsstücke, mit Ausnahme derjenigen, die man gerade an hatte und der Musikinstrumente, Geld und eventuell vorhandene Bilder (Photographien). Was man aber noch vor Eintritt des Todes aus dem Wagen entfernen kann, darf weiter benützt werden. Alles übrige darf nicht mehr gebraucht werden, auch wenn es noch nagelneu wäre und die betreffenden Leute in große Not dadurch kommen. Ja, wohlhabendere Zigeuner verkaufen solche Sachen überhaupt nicht, sondern verbrennen einfach alles, Wagen usw. Ärmere verkaufen es und zwar gewöhnlich an anderes »herumziehendes« Volk, aber ja an keine Zigeuner, und wenn es auch ganz unbekannte wären. Wer diese streng eingehaltene Sitte nicht befolgt, wird *baledschido.* (Schweres Vergehen!) Und zwar wird diese Sitte so genau und streng befolgt wegen der abergläubischen Furcht der Zigeuner vor ihren Toten. Sie glauben eben, daß die Geister der Verstorbenen, in dem von ihnen zur Zeit ihres Lebens bewohnten Wagen, umgehen müssen und so lange keine Ruhe finden, bis er vernichtet oder vom Stamm entfernt ist. Deshalb würden sie, wenn solch ein Wagen von den Angehörigen weiter benützt werden würde, allnächtlich kommen und diese quälen und Unglück über sie bringen. Hier liegt auch der Grund, warum die Zigeuner keines ihrer Geheimnisse z. B. Wahrsagen, Wanderzeichen oder anderes verraten, da sie meinen, diese von den Verstorbenen gelernt zu haben. Selbst solche Zigeuner, die *baledschido*, von aller Gemeinschaft ausgeschlossen sind, verraten dergleichen an Nichtzigeuner niemals.

Auch sonst ist das Leben im Wohnwagen, z. B. die Beziehungen der beiden Geschlechter zueinander, durch Sitte und Gesetz streng geregelt. Auch in Bezug der Reinlichkeit stechen die deutschen Zigeuner von denen der anderen Länder[5] vorteilhaft ab. Es ist absolut falsch, wenn man glaubt, es gehe da in sittlicher Beziehung sehr frei zu. Im Gegenteil: die deutschen Zigeuner sind sehr schamhaft, obwohl gegen sinnliche Reize gerade nicht ganz unempfindlich. Aber unsittlich geht es im Wohnwagen niemals zu. Selbst bei den größten Stammesfesten nicht, obwohl es da sehr lustig und heiter zugeht, wenn die Geigen jubeln und die Zigeunermusik über Wald und Flur dahinrauscht.

[5] Kennt Wittich diese? D. H.

Bildnis der Stieftochter des Verfassers.

Böse und gute Menschen gibt es überall, bei jedem Volk, aber man malt die Zigeuner wirklich zu schwarz, wenn man sie ohne weiteres als Räuber und Diebe, jeder moralischen Gesinnung bar, auf eine Stufe mit den verkommensten, untersten Schichten unserer übrigen Bevölkerung stellt. Betteln, Landstreichen, wenn man ihre unbezwingbare, angeborene Wanderlust so nennen mag, gelegentlicher Diebstahl und kleinere Betrügereien mag man ihnen schließlich mit Recht nachsagen. Aber es ist ein großes Unrecht, wenn man, wie es bis jetzt immer geschieht, die Zigeuner einfach für gemeinfährliche, schlimme Menschen zu halten und zu verdammen beliebt! Bei genauer Beschäftigung mit ihnen würde man bald das den Zigeunern in dieser Beziehung zugefügte Unrecht einsehen. Wenn man bedenkt, daß sie von jeher schon als vogelfrei betrachtet wurden, wie grausam und unmenschlich sie behandelt und verfolgt wurden, wie sie heute noch gehetzt und gequält werden, so sollte man sich eigentlich nur darüber wundern, daß sie nicht noch schlechter sind, als sie in Wirklichkeit sind. Ist es ein Wunder bei einer so üblen Behandlung, wenn sie in jedem Weißen nur einen Feind und Unterdrücker ihres Volkes vermuten und sich deswegen gegen jedermann zurückhaltend und verschlossen benehmen! Die Zigeuner, dieses echt romantische, weltverlassene Volk, sind viel, viel besser als ihr Ruf und nur gutmütige, liebe, versöhnliche Menschen, gewandt und gescheit, sodaß man sie bei näherem Kennenlernen bald lieben lernt und ihnen zugetan wird.

Merkwürdig ist es, daß die deutschen Zigeuner, so sehr sie auch verächtlich und demütigend von allem Volk behandelt werden, doch auf die Landbevölkerung gleichsam herunter sehen und den Beleidigungen und Beschimpfungen keinen Wert beilegen; d. h. von dem ungebildeten Volk können sie nicht beleidigt werden und reagieren auch nicht darauf. Sie haben vor den »Gadsche« (Bauern) überhaupt keine Achtung oder Respekt. Dagegen aber imponiert ihnen die gebildete Klasse. (*Raien*, *Raile Gadsche*). Hauptsächlich die Behörden! Lesen, schreiben oder Ausübung einer Kunst imponiert ihnen gewaltig! Anders liegt die Sache bei ungerechter Behandlung oder Mißhandlung, oder Beleidigungen unter ihnen selbst! Aber ich muß nochmals erwähnen, daß bei keiner strafbaren Handlung, mag sie heißen wie sie will, ein Zigeuner den andern dem Gericht verrät oder anzeigt. Ausnahmen sind äußerst selten. Selbst Todfeinde denunzieren oder zeigen nichts an, weil sie eben ihr eigenes Gesetz und Strafen haben, das überall und immer streng ausgeübt wird untereinander. Strafen, welche Zigeuner verbüßen oder verbüßt haben, z. B. wegen Bettel, Betrug, Diebstahl usw., gelten nicht als entehrend, sondern solche Strafen werden als eine Art Ehrenstrafen betrachtet. Am angesehensten und geachtetsten bei den Zigeunern sind solche Zigeuner, welche gut betteln, stehlen, wahrsagen usw. können. Solche werden den andern Zigeunern immer als »gute« Beispiele angeführt. Solchen werden Ehrennamen (*brawi Dschuwel*, *brawo Sinto*) beigelegt.

Welcher Religion gehören die Zigeuner an? Eine schwierige Frage! Vor lauter Sprachforschung, scheint es mir, hat man die Religionsforschung (wenn ich mich so ausdrücken darf) vergessen![6] Haben sie eine eigene Religion? Dies zu beantworten, wird, fürchte ich, noch schwieriger sein, als ihre Herkunft zu ermitteln. Es heißt, kein Gebrauch, kein Symbol, kein Kultus weise darauf hin, daß die Zigeuner eine Religion haben bezw. einmal eine besessen hätten. Man weiß nicht mehr, als daß die Zigeuner in christlichen Ländern römisch- oder griechisch-katholische Christen wären usw. Hat Jemand dies zu ergründen schon jemals ernstlich den Versuch gemacht? Und wenn sie wirklich keine Religion haben, müßte man ihnen da nicht solche bringen? Wer den Heiland nicht kennt, von der christlichen Lehre nichts weiß, der ist ein Heide, also sind die Zigeuner Heiden! Übrigens auch in einigen Gegenden so geheißen. Es gibt ja noch viele Heiden in den großen, fremden Ländern und Erdteilen, und doch die Christenheit sendet hier Diener Gottes hin, getreu dem Gebot des Heilandes folgend; aber um die armen Zigeuner kümmert sich niemand, obwohl sie der ganzen christlichen Welt sozusagen unter den Augen herumlaufen! »Die Zigeuner sind für Religion nicht zu haben«. Das ist eine häufige Behauptung und damit soll alles abgetan sein? Fühlt man weiter keine Verantwortung, weder in christlichen noch in kirchlichen Kreisen?

[6] d. h. die Sprachforscher interessieren sich für die Zigeuner viel mehr, als im allgemeinen die Diener Christi. D. H.

Weist wirklich nichts auf eine Religion der Zigeuner hin? – Warum sagt der Zigeuner niemals »der« Gott, sondern immer »mein« Gott? (*Miro baro Dewel* – mein großer Gott!) Will er damit nicht andeuten, daß er auch einen Gott habe, den er als seinen Gott von dem der anderen Menschen unterscheidet, oder ist es nur eine zufällige Sprachgewohnheit? Beweist es nicht wenigstens, daß die Zigeuner auch an ein höchstes Wesen glauben! Und ebenso glaubt er an ein Fortleben der Verstorbenen nach dem Tode.

Je nachdem bringen sie ihm Glück oder Unglück. Um letzteres zu vermeiden, hält er die Gebräuche in Bezug auf seine Toten streng ein. Die Verehrung der Toten ist so groß, daß nur die dringendsten Fälle ihn bewegen könnten, auch nur den Namen der Verstorbenen auszusprechen. Ein Schwur auf oder bei den Toten wird ebenso unverbrüchlich und heilig gehalten, als wie der bei der Hand seines Vaters (*dadeskero vast*). Ein *praßen* (fluchen) auf seine Toten (Beschimpfung der Abgeschiedenen) kann nur durch Blut gesühnt werden. Das Grab eines teuern Verstorbenen wird, wenn es nur irgend möglich ist, nach einem Jahre wieder besucht. An dem Grabe eines Stammesgenossen geht kein Zigeuner vorüber ohne einige Tropfen Wein, Bier oder Branntwein daraufzugießen. In der Neujahrsnacht wird nach den Lebenden, den Toten »ein gutes Neujahr« gewünscht; in der Sylvesterstunde werden bei feierlicher Stille einige Tropfen Wein, Bier usw. auf den Boden geschüttet mit den Worten: »Für die Toten!«

Aber sind die Zigeuner für Religion zu haben? Allerdings mit Hilfe von brennenden Scheiterhaufen und Galgen, wie man es früher beliebte, oder durch Wegnehmen der Kinder, kann man sie zu keiner Religion und Moral zwingen. Das Resultat wird immer ein negatives sein. Und wenn die Behandlung nicht besser wird, wenn dies arme, unglückliche Volk weiter so ungerecht verfolgt und verachtet wird von der übrigen Menschheit, so wird es sehr, sehr schwer sein, in ihnen Liebe und Achtung vor der Religion zu erwecken, die eben diese Menschen ihnen bringen wollen, welche ihre Worte so wenig durch ihre Taten bestätigen. Aber eins ist gewiß: diese Ärmsten unter den Armen würden ihre Ohren und Herzen öffnen – der Religion der Liebe! Das ist in der Tat schon bewiesen. Es gibt bei uns Zigeuner, die keiner Religionsgemeinschaft angehören, doch zu Gott beten, von Zeit zu Zeit auf offenem, freiem Felde eben diesem Gott ihre Sünden laut bekennen, beichten, bereuen und nichts Sündhaftes mehr zu tun geloben, feierlich diesen Tag dann heiligen durch die größte Enthaltsamkeit und fromm werden wollen, wenn man es so sagen kann.

Ich könnte einige solcher Zigeuner namentlich anführen. Einer dieser Zigeuner ist mir noch ganz besonders im Gedächtnis, dieser gelobte als junger Bursche, alle Jahre vom Karfreitag ab, 6 Wochen lang kein Fleisch zu essen. Das will bei einem Zigeuner was heißen! Er ist seinem Gelöbnis treu geblieben bis zu seinem Tode vor nun 2 Jahren, trotz aller Art Versuchungen. In dieser Zeit sind die Igel (bekanntlich die Lieblings- und Nationalspeise der Zigeuner) am »fettesten«, daher am besten, nach dem Zigeunergeschmack. Da wurde er von Genossen damit geneckt, indem sie ihm einstmals mit einem fetten, delikaten und appetitlichen Hinterfuß (Hinterschinken) von einem Igel (die größte Delikatesse für einen Zigeuner) reizten und neckten und ihn absolut zum brechen seines Gelübdes verführen wollten. Aber trotz dieser für einen Zigeuner fast »übermenschlichen« Versuchung, widerstand er derselben standhaft! Solches und noch vieles mußte er durchmachen und brach aber doch nie, bis ins hohe Alter hinein, sein Gelübde.

Fromm war in ihrer Art auch meine Schwiegermutter. Obwohl sie gar keine Schule besucht hatte, von einem Kirchenbesuch vollends gar keine Rede war, keine Ahnung von Lesen und Schreiben hatte, betete sie doch jeden Abend und Morgen mit ihren Kindern ein altes Gebet in unserer Sprache.

Es lautet:

Me baschau mange tele (oder: *Me staua pre* oder: *Meh dschaua nikli) ani Dewlester Soraloben, ani Dewlester Baroben, ani Dewlester Songlienger Rat, da hi latscho, hako Mulenter da kerela mange kenk mitschiko Dscheno tschomoni. O Dewlesker Dad, o Dewlesker Tschawo, o Dewlesker Mulo, priserele man!*

Ich lege mich nieder (oder: ich stehe auf oder: ich gehe fort) in Gotteskraft, in Gottesmacht, in sein (rosenfarbiges) rosenrotes Blut, für alle bösen Geister und Gespenster gut, daß mir kein böser Mensch nichts tut. Gott Vater, Gott Sohn, Gott hl. Geist, segne mich!

Sie hatte 9 lebende Kinder, war eine *»brawi Dschuwel«*, aber als sie die ersten Kinder bekam, vollzog sich eine innerliche Wandlung in ihr – sie übte ihre zigeunerischen Gewerbe nicht mehr aus, sodaß sie und ihre Familie, die früher im Überfluß lebten, oftmals in die bitterste Not kamen. Auch ihre Kinder lehrte sie nichts mehr, d. h. von der Mutter aus hätten sie nichts gelernt, z. B. Wahrsagen. Warum wohl? Weil sie jedenfalls oft hörte von dem Schimpflichen solcher Gewerbe und es auf ihre Art in ihrem frommen Herzen zuletzt selbst glaubte! Fromm war sie! Man stelle sich diese Frau vor, die bis zu ihrem Tode so geblieben war, mit ihren 9 Kindern? Welche Sorgen, Nöte, Lasten und Mühe lag auf ihren Schultern? Verspottet oft von den Stammesangehörigen, die es ihr ins Gesicht hineinsagten, es sei kein Schade, daß es ihr so ärmlich gehe – warum übe sie nicht mehr aus, wegen dessen sie ja den Ehrennamen (brawi Dschuwel) hatte und ähnliches! Von den Vorwürfen des Gatten zu schweigen. Dies kann nur der begreifen, der die

Sitten der Zigeuner in dieser Beziehung kennt. Trotzdem blieb sie standhaft. Mochten sie die Sorgen fast zu Boden drücken, sie blieb fest und betete gewissenhaft jeden Abend und Morgen ihren Kindern das obenangeführte Gebet vor und lehrte sie dasselbe selbst zu beten. Merkwürdig aber ist und war doch – sie ging niemals in eine Kirche, wollte von keinem Geistlichen was wissen. In ihren Reden kamen diese gerade nicht respektvoll weg, sie nannte sie nur die »schwarze Polizei!« Wie mag diese Frau dazu gekommen sein, solches zu sagen? Was mag sie erlebt haben? Der, welcher die Geschichte der Zigeuner und ihre Verfolgungen und Mißhandlungen kennt, von eben diesen Bekennern und Predigern der Religion Christi, wird diese Fragen leicht beantworten können! Ebenso feierte sie jeden Feiertag (Ostern, Weihnachten, Karfreitag) und befleißigte sich, was ihre Person betraf, der größten Enthaltsamkeit.

Aber auch sonst sind sie ihrer Art gottesfürchtig (!) so machen sie gern Wallfahrten nach berühmten Wallfahrtsorten und wenn auch das letzte Geld daraufgeht, aber immer zu einem gewissen Zweck, z. B. wenn sie größeres Vorhaben (ein zigeunerisches »Geschäft«) ausführen wollen. Dann beten sie da, geloben auch ein Gelübde, im Falle eines guten Gelingens des beabsichtigten Geschäftes. So wurde schon manches »Geschäft« ausgeführt, mit der größten Zuversicht, daß sie nicht erwischt und eingesperrt werden, haben sie doch zu Gott oder zur Muttergottes gebetet, ein Gelübde getan, damit sie ihnen zu ihrem »Geschäft« beistehen und das Geschäft auf ihre Art nicht unglücklich ausgehe. Was wissen sie davon (wer hätte es ihnen schon gesagt?), daß eben dieser Gott in seinen Geboten als Sünde verboten hat, – was sie tun wollen und um dessen gutes Gelingen sie zu ihm beten! Merkwürdig ist aber auch, daß die Zigeuner sich mehr zur katholischen als zur evangelischen Religion hingezogen fühlen. Jedenfalls nur darum, weil die Zermonien der katholischen Kirche mehr auf seine Sinne und Phantasien einwirken, mehr seiner Natur entsprechen, als die Einfachheit der evangelischen Kirche. Früher ließ der Zigeuner seine Kinder gern und auch öfters als nur einmal taufen, – aber nur wegen den regelmäßigen, üblichen Patengeschenken. In welcher Konfession ist ihm egal – ob katholisch oder evangelisch. So bin ich katholisch getauft, eine Schwester und mein Bruder evangelisch. Kirchlich und weltlich wurde früher eine Zigeunerehe nur selten geschlossen. Heutzutage läßt er die Kinder aber taufen, damit sie in seine Legitimation eingeführt werden, ebenso verhält es sich, wenn er sich heute ausnahmslos kirchlich trauen läßt und die Ehe standesamtlich eingeht.

Bewiesen wird es jetzt wohl sein, daß die Zigeuner für die Religion nicht unempfänglich sind, wenn man sie am rechten Platz packt, d. h. in ihrer Sprache die Heilsbotschaft verkündet und im übrigen etwas Rücksicht nimmt auf ihre zigeunerischen Eigenarten. Kein Baum fällt auf den ersten Hieb. Die Erfahrungen würden diese Worte bestätigen. Nicht der angeblichen Unverbesserlichkeit der Zigeuner gebe man die Schuld, sondern der geringen Arbeit der Christenheit, die in dieser Beziehung so viel versäumt hat. Aber mit der Seelenrettung muß Hand in Hand gehen – die Besserung der äußeren Umstände der Zigeuner. Der Erfolg würde ein überraschender sein. Daher weg mit der oberflächlichen Redensart: die Zigeuner sind nicht für Religion zu haben! Könnt ihr, die ihr dies so leichtherzig sagt, es ernstlich beweisen? Nein; nun so ist es jetzt höchste Zeit, deutsche Christen, dies Versäumnis endlich nachzuholen, damit eure Verantwortung nicht noch größer werde, als sie schon ist! *Tschatschopaha.*

*
**

Vor nun schon langen Jahren überwinterte eine Familie dieser »fahrenden« Leute in einem Schwarzwalddorf. Die Kinder mußten in die Schule gehen diesen Winter. Der älteste Knabe sollte im Frühjahr »aus der Schule kommen«, (In die er doch so wenig »hineinkam«.) Der Ort war evangelisch, der Schüler aber doch katholisch getauft. Dies war der Anlaß, daß, als er ¼ Jahr die evangelische Dorfschule besucht hatte, der katholische Pfarrer aus dem nahen Oberamtsstädtchen ihm das Billet für ¼ Jahr bezahlte zum katholischen Schulbesuch und zwar so lange, bis er »aus der Schule war« im Frühjahr. So war der Knabe auf doppelte Art ein »Fahrender«. Vom »fahrenden Volk« war er jetzt auch noch ein »fahrender Schüler«, indem er morgens in die katholische Schule in der Oberamtsstadt mit der Bahn fuhr und abends wieder zurück nachhause. Hier lernte er wirklich gute Menschen kennen und die Anteilnahme und Liebe für den verachteten Zigeuner tat ihm so wohl, daß er wünschte, immer so glücklich sein zu können. Die Eindrücke, die er hier durch den Umgang mit diesen braven Leuten empfing, blieben ihm in steter Erinnerung. Dies Glück war leider nicht von langer Dauer. Der Tag der Schulentlassung kam. Die Eltern des Knaben wollten schon lange – kaum daß der Schnee schmolz und die liebe Sonne zu lächeln begann – »weiterziehen«, um die durch den Winter unterbrochene Wanderung fortzusetzen. Ungeduldig wurde von ihnen der Schulentlassungstag erwartet – der einzige Grund, der sie von der Reise zurückhielt. Der Knabe dagegen wünschte ihn noch weit, weit zurück. Vergebens – nur zu schnell war er da! Wie der Knabe von edlen Wohltätern die Leibesnahrung in dieser Zeit erhielt, (da die Eltern, weil zu arm, ihm nichts mitgeben konnten), so erhielt er auch von ihnen alles, was zur Feier dieses Tages gehörte, Kleidung, Schuhe usw. Das Herz des Knaben war übervoll vor Glück, nicht allein wegen dem, daß er vielleicht zum erstenmal in seinem Leben so schmuck und proper dastand, sondern hauptsächlich der liebevollen Worte wegen, die von allen Seiten an ihn gerichtet wurden. So selten wie ein neuer »ganzer« Anzug, so selten war eine solche Anteilnahme von Menschen, die ihn sonst nur mit Verachtung behandelten, im Leben dieses Knaben! Seine große Freude konnte man ihm vom Gesicht ablesen, vollends als er mit den anderen »Konfirmanden« zu einem gemeinschaftlichen Mahl in das Pfarrhaus, mit dem Herrn Pfarrer und dessen Angehörigen, eingeladen wurde. Doch wollte ihn ein Gefühl der Traurigkeit beschleichen, als er die anderen Knaben betrachtete und hörte, wie sie sich gegenseitig mit Stolz und Freude erzählten, was sie werden wollten oder durften. Jeder hob die Vorzüge seines erwählten Berufes hervor und jeder glaubte, den besten erwählt zu haben. Hier saß der »fahrende« Knabe still! Hier konnte er nicht mitreden. Was er wohl wird? Niemand dachte daran, ihn auch einen Beruf wählen, lernen zu lassen! Hätte sich doch hier der Engel gefunden, den jeder Mensch haben muß, um etwas zu werden, etwas zu erreichen! Hätte sich hier eine rettende Hand gezeigt, und es wäre aus dem Knaben damals etwas ganz anderes geworden, als er jetzt ist!

Doch die beginnende Traurigkeit verschwand, als ein Spaziergang in den nahen Wald gemacht wurde, welcher die Feier und den schönen Tag beschloß. Es war ein wunderschöner Frühlingstag. Auf den grünen Wiesen blühten die Blumen. Auf den Bäumen keimten schon die Blüten, aus ihnen und von überall ertönte der Vögelschall. Alles war Freude, Lust und Leben! Nur zu schnell vergingen die fröhlichen Stunden dieses – letzten Tages, den der Knabe unter diesen guten Menschen zubrachte. In seinem höchsten Glück – wurde er jäh wieder von der rauhen Faust des unerbittlichen Schicksals zurückgerissen in sein – altes Leben. Die Scheidestunde schlug. Man begleitete den Knaben an die Bahn. Die muntere Schar merkte in ihrer Fröhlichkeit nicht, wie traurig und leer es in seinem Herzen aussah. Ein letzter Händedruck, noch einige liebevolle, tröstende Abschiedsworte des guten, wahrhaft edlen Pfarrers, ein Tücherschwenken, ein Pfiff – davon brauste der Zug. Der Abschied war schwer, der Knabe meinte, er ließe alles zurück, Liebe, Freude und Glück. Das Herz wollte ihm brechen vor Heimweh und Schmerz. Dunkel, grau lag die Zukunft vor ihm, – ohne einem Strahl von Glück! Und er wäre doch so gerne glücklich gewesen! Bei seinen Leuten angekommen, war der Wagen schon längst gepackt. Eine letzte Nacht noch in einer Stube. Leer und öde grinste ihm die Zukunft aus allen Ecken des kahlen Zimmers entgegen. Leer und öde sah es in seinem jungen Herzen aus. Am Morgen, früh, nach einer durchweinten Nacht, ging es fort. Wohin?

Aber niemals konnte der Knabe diese glücklichste Zeit seines ganzen Lebens vergessen. Sein nachheriges bewegtes Leben konnte nie die Erinnerung daran auslöschen! Ebensowenig das Andenken an den wahrhaft guten und edlen Pfarrer, dessen Lehren, Worte und ehrwürdige Gestalt ihm immer und jetzt noch nach langen, langen Jahren, vor Augen steht. Besonders unvergeßlich bleibt ihm der Tag seiner Schulentlassung. Er war und ist der schönste und glücklichste seines Lebens. Oft und gern denkt er heute noch – oder vielleicht gerade jetzt – an diese frohe und glückliche Kindheits- und

Jugendzeit zurück. Dieser Tag wird für die ganze Lebenszeit ein Lichtblick sein und bleiben für Engelbert Wittich!

Tschatschopaha!

»Hefte für Zigeunerkunde.«

Heft 1. **Urban, R.**, Die Sprache der Zigeuner in Deutschland. 30 Pfg.

" 2. **Wittich, E.**, Blicke in das Leben der Zigeuner. 40 Pfg.

" 3. **Bourgeois, Dr. H.**, Kurze Grammatik der mitteleuropäischen Zigeunersprache. 30 Pfg.

Über die Zigeuner ist schon viel geschrieben worden; aber diese Literatur hat bis jetzt nur kleine Kreise von Liebhabern und Fachinteressenten erreicht; dazu leidet sie unter dem Mißgeschick, daß sie schwer zu finden ist, meist nur durch Vermittelung von Antiquariatsangeboten. Ein großer Fortschritt ist zwar das seit 1907 neue Erscheinen des *Journal* der *Gypsy Lore Society*, in dem alles Wissenswerte über die Zigeuner sorgfältig gesammelt wird; aber dieses Unternehmen scheint sich in Deutschland nicht einzubürgern, und es herrscht bei uns nach wie vor eine bedauerliche Unkenntnis alles dessen, was die Zigeuner betrifft. Diese Unkenntnis ist mit schuld daran, daß unsere Gesetze und Behörden, die heute schon alle möglichen Volks- und Berufsklassen, ja selbst Tier- und Pflanzenwelt mit Recht und Schutz versehen, den Zigeunern gegenüber nur als rücksichtslose Feinde und Unterdrücker auftreten, – daß die Kirchen und Vereine, die heute schon auf den entlegensten Gebieten alle denkbaren Liebeswerke ausüben, an den Zigeunern kühl vorübergehen, – daß das Volk und auch die christlichen Kreise, die die Zigeuner mit einer Mischung aus Neugierde, Furcht und Teilnahme betrachten, doch noch nicht zum rechten christlichen Benehmen gegenüber den Zigeunern gekommen sind.

Die »Hefte für Zigeunerkunde« sollen diesen bedauerlichen Zuständen abhelfen. Sie wenden sich an alle offiziellen und privaten Kreise des deutschen Volkes in der festen Überzeugung, daß es nur ein wenig der Beschäftigung mit dem Zigeunertum bedarf, um diesem armen, heimatlosen Volk eine gerechtere Beurteilung und ernstliches Wohlwollen bei allen edel denkenden Deutschen zu erwirken. Die Folgen dieses Umschwunges würden den Zigeunern gewiß zum Segen und unserer in diesem Punkte bisher so hartherzigen Christenheit nicht zur Schande gereichen.

Ph. Tschoerner, Striegau